yukismart.com/b/60d356
AF364377
1
2

gatto

kedi

cane

köpek

pesce

balık

uccello

kuş

gallina

tavuk

gallo

horoz

pulcino

civciv

uovo

yumurta

mucca

inek

pecora

koyun

maiale

domuz

capra

keçi

cavallo

at

asino

eşek

topo

fare

coniglio

tavşan

tacchino

hindi

oca

kaz

pavone

tavuskuşu

anatra

ördek

anatroccolo

ördek yavrusu

cigno

kuğu

libellula

yusufçuk

mosca

sinek

formica

karınca

formichiere

karıncayiyen

coccinella

uğur böceği

lombrico

solucan

lumacone

sümüklü böcek

bruco

tırtıl

lumaca

salyangoz

farfalla

kelebek

cavalletta

çekirge

ape

arı

miele

bal

ragno

örümcek

erba

çimen

scarabeo

böcek

zanzara

sivrisinek

scorpione

akrep

lucertola

kertenkele

tartaruga

kaplumbağa

granchio

yengeç

gamberetto

karides

aragosta

ıstakoz

balena

balina

squalo

köpek balığı

razza

vatoz

delfino

yunus

riccio di mare

denizkestanesi

medusa

denizanası

calamaro

kalamar

stella marina

denizyıldızı

gabbiano

martı

mare

deniz

pellicano

pelikan

cormorano

karabatak

conchiglie

deniz kabukları

sabbia

kum

elefante

fil

zebra

zebra

giraffa

zürafa

serpente

yılan

coccodrillo

timsah

leone

aslan

tigre

kaplan

ippopotamo

su aygırı

rinoceronte

gergedan

ghepardo

çita

cammello

deve

antilope

antilop

fenicottero

flamingo

struzzo

deve kuşu

cicogna

leylek

pappagallo

papağan

gorilla

goril

scimmia

maymun

koala

koala

panda

panda

canguro

kanguru

riccio

kirpi

scoiattolo

sincap

lupo

kurt

volpe

tilki

procione

rakun

orso

ayı

cervo

geyik

aquila

kartal

pipistrello

yarasa

cinghiale

yaban domuzu

corvo

karga

gufo

baykuş

picchio

ağaçkakan

puzzola

kokarca

talpa

köstebek

castoro

kunduz

orso polare

kutup ayısı

neve

kar

pinguino

penguen

gufo delle nevi

kar baykuşu

foresta

orman

montagna

dağ

narvalo

denizgergedanı

orca

katil balina

tricheco

mors

foca

fok

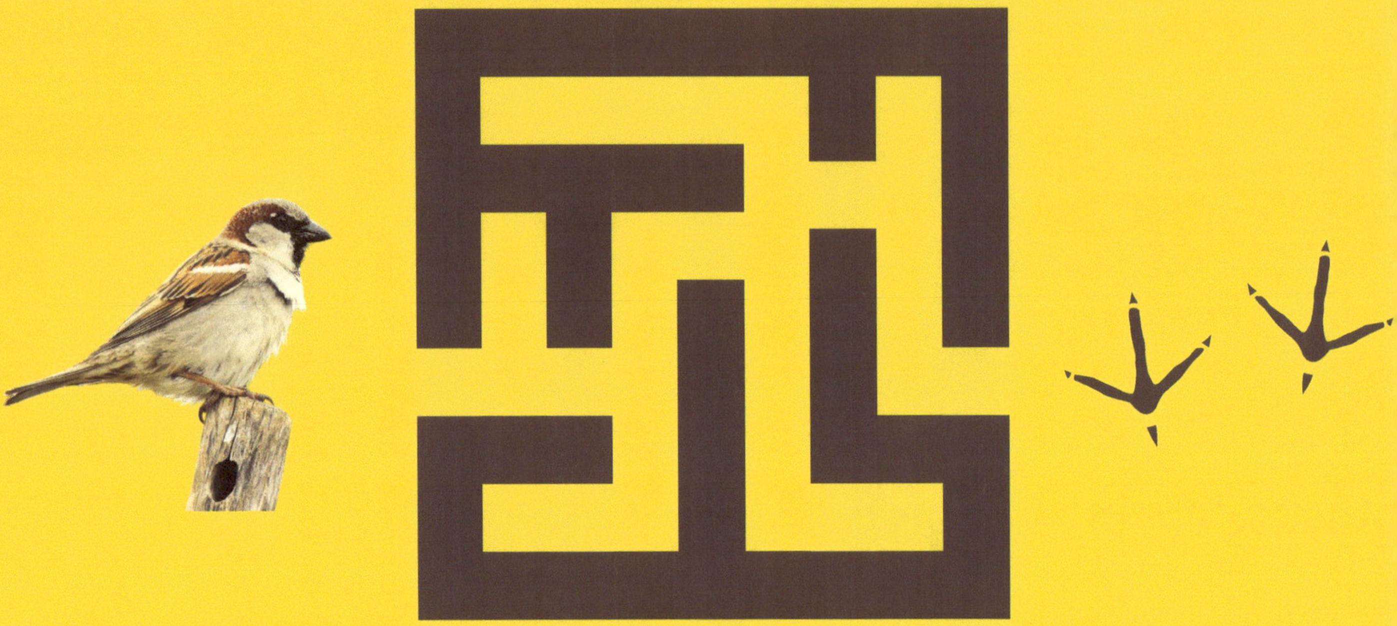